salad  ترکاریاں	**nine**  نو
wheat  گندم	**nibble** 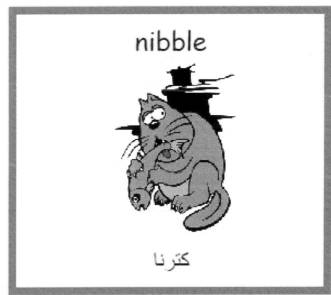 کترنا
hedgehog  ہیج ہاگ	**princess**  شہزادی

English Urdu 500 Flashcards

ruler

حکمران

hug

گلے

neck

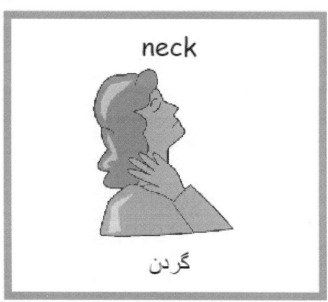

گردن

elbow

کلوں

hide

چھپائیں

computer

کمپیوٹرز

leg	bomb

ٹانگوں	بم

church	diamond
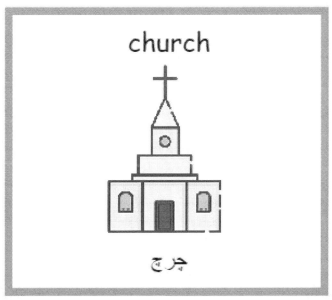	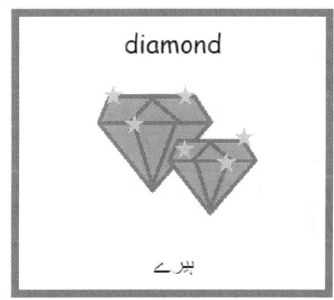
چرچ	ہیرے

bedroom	sandwich

بیڈروم	سینڈوچ

English Urdu 500 Flashcards

ketchup	mask

کیچپ	ماسک

showering	wiping

شاور	مسح کرنا

pelican	kitten

پیلین	بلی کے بچے

shark

شارک

lipstick

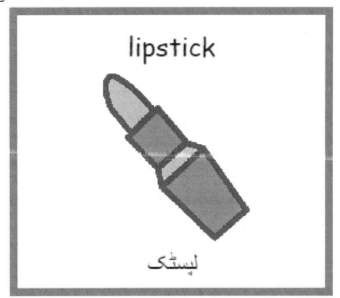

لپسٹک

clean

صاف

sofa

سوفا

cheetah

چیتا

squirrel

گلہری

soil  مٹی	**dad**  والد صاحب
mountains 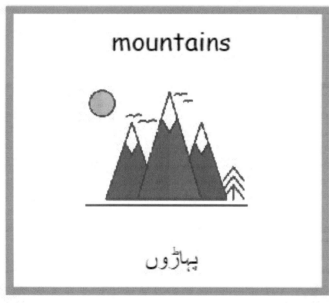 پہاڑوں	**riding**  سوار
pacifier  پیسیفائر	**angry**  ناراض

English Urdu 500 Flashcards

avocado

ایواکاڈو

mice

چوہوں

tray

ٹرے

tent

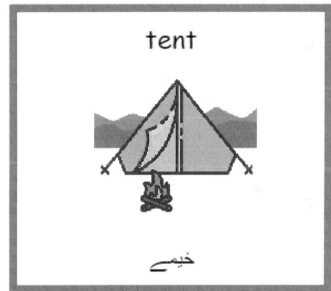

خیمے

oval

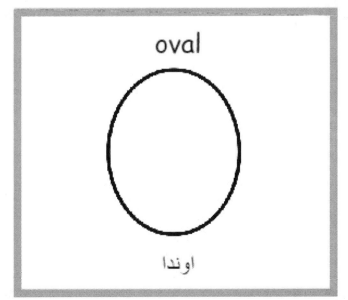

اوندا

violin

وایلن

teeth 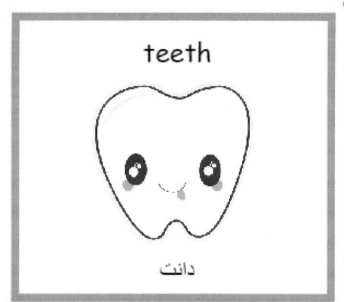 دانت	**bag**  بیگ
tail  دم	**puppy**  کتے
drink  پینے	**mirror**  آئینے

English Urdu 500 Flashcards

kiwi 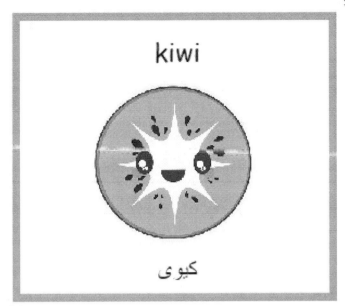 کیوی	scissors  کینچی
camera  کیمرے	tangerine  ٹینجیرین
thunder  گرج	wedding  شادی

proud

فخر ہے

unicorn

ایک تنگاوالا

factory

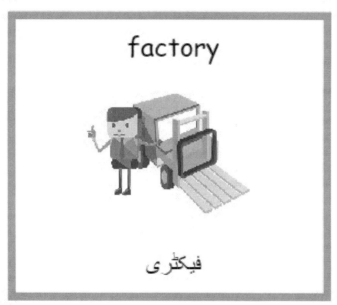

فیکٹری

camel

اونٹ

vase

گلابی

apple

سیب

coffee

کافی

sick
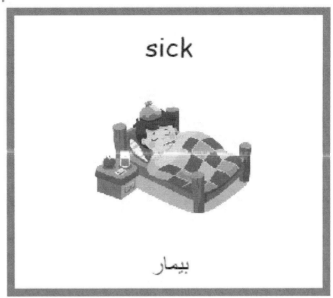
بیمار

pajamas

پاجاما

belt

بیلٹ

quilt
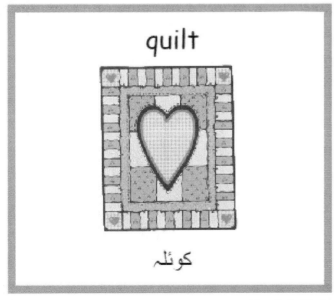
کوئلہ

delivery

ترسیل

English Urdu 500 Flashcards

fitness

صحت

bathtub

باتھ ٹب

yak

یوک

circle
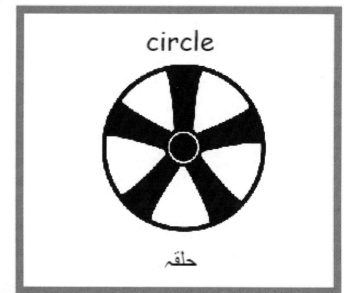
حلقہ

zebra

زبرا

tire

ٹائر

English Urdu 500 Flashcards

tiger

چیتا

soda

سوڈا

eyes
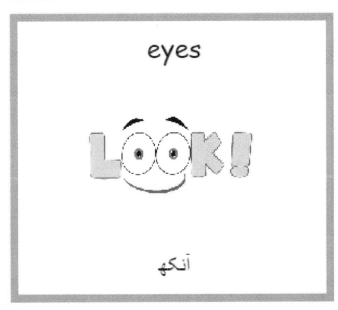
آنکھ

butterfly

تیتلی

knitting

بننا

candle

موم بتیاں

English Urdu 500 Flashcards

igloo

برف کا گھر

letter

خط

open

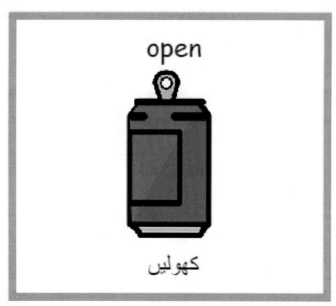

کھولیں

clock

گھڑی

earth

زمین

hopping

ہاپ

hip

ہپ

happy

خوش ہوں

zero

صفر

witch

جادوگر

children

بچوں

peas

مٹر

moon

چاند

hippopotamus

ہیپوپوس

powerful

طاقتور

pillow

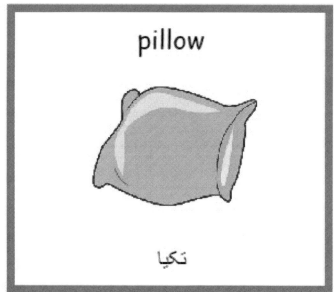

تکیا

rob

لوٹ لو

helmet

ہیلمیٹ

porcupine  تشی	**bed**  بستر
parrot  طوطا	**fishing**  ماہی گیری
paintbrush  پینٹ برش	**evil**  برائیوں

ironing

استر

dig

کھدائی

crayons

پنسل

quiz

کوئز

man

آدمی

sweater

سویٹر

shirt

شرٹ

towel

تولیہ

chicken

چکن

tree

درخت

family

خاندان

quiet

خاموش

plum  آلوبخارہ	**plants**  پودوں
ink  سیاہی	**acorn**  بلوط
broom  جھاڑو	**worm** 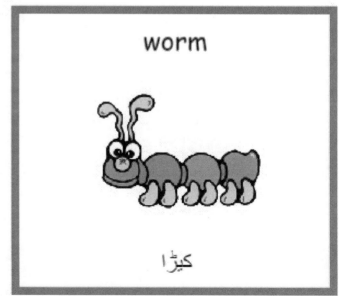 کیڑا

English Urdu 500 Flashcards

corn 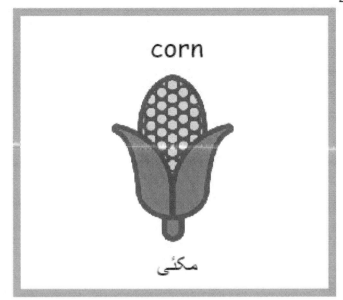 مکئی	**pudding**  پڈنگ
jogging  جاگنگ	**broccoli**  بروکولی
garden  باغ	**help**  مدد

pan  پین	**driving**  ڈرائیونگ
teacher  استاد	**octopus** 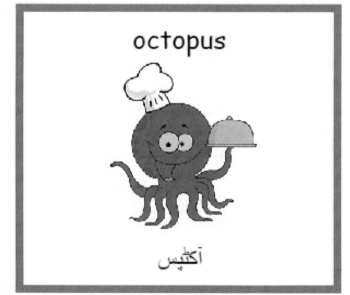 آکٹپس
goat  بکری	**sausage**  ساسیج

looking  لگ رہا ہے	**turkey**  ترکی
candy  کینڈی	**carpet**  قالین
money  پیسہ	**jam** 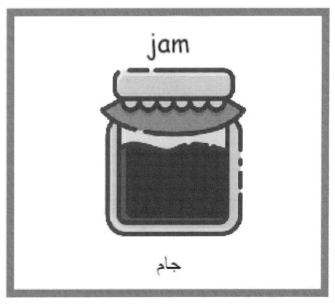 جام

joyful  خوشگوار	**baker**  بیکر
music 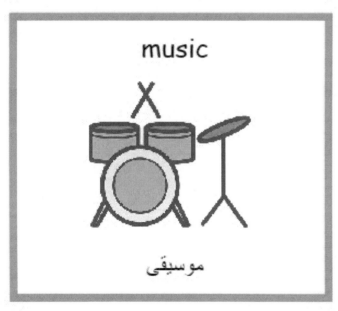 موسیقی	**stockings**  جرابیں
scooter  سکوٹر	**picture**  تصویر

English Urdu 500 Flashcards

cherry

چیری

autumn

موسم خزاں

cry

رونا

loud

بلند آواز

respect

احترام

suitcase

سوٹ کیس

English Urdu 500 Flashcards

island  جزیرہ	**hand** 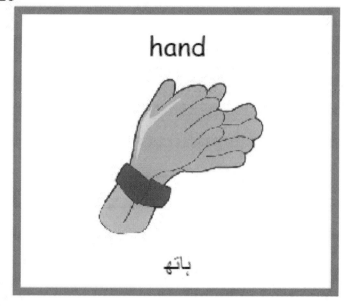 ہاتھ
shopping  خریداری	**car**  کار
cactus 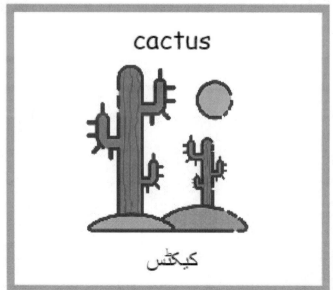 کیکٹس	**box** 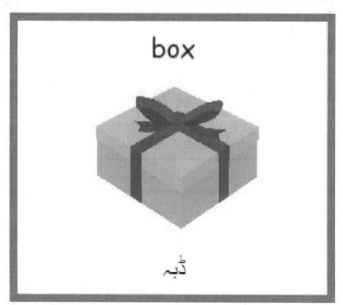 ڈبہ

love

محبت

quail

کوئلہ

writing

لکھنا

night

رات

wet

گیلا

potato

آلو

swimming

تیراکی

working

کام کر رہے ہیں

slicing

سلائڈنگ

hen

ین

rooster

مرغی

lotus

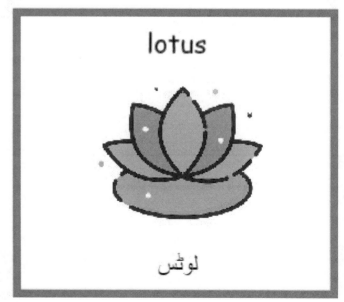

لوٹس

whiskey	baby

شراب	بچہ

turnip	necklace
	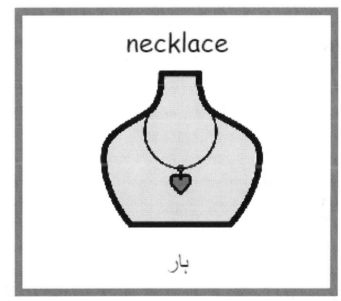
موڑ	بار

gorilla	honey

گوریلا	شہد

strong

مضبوط

plane

ہوائی جہاز

big

بڑا

ostrich

آتشبازی

rain

بارش

girl

لڑکی

English Urdu 500 Flashcards

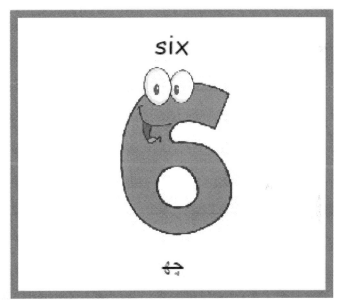

stick

لاٹھی

steak

سٹیک

smelling

خوشبو

six

چھ

guitar

گٹار

dice

نرد

vaccine

ویکسین

celebrate

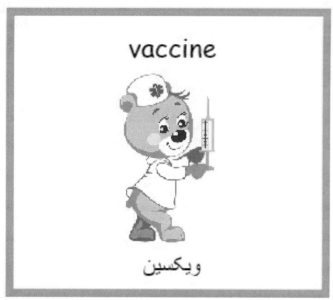

جشن منانا

window

ونڈو

feeding

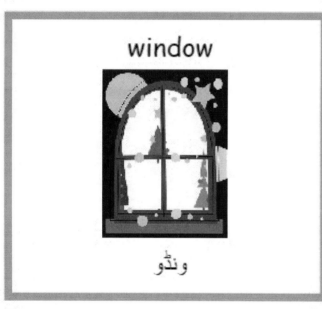

کھانا کھلانا

teapot

ٹیپٹ

engine

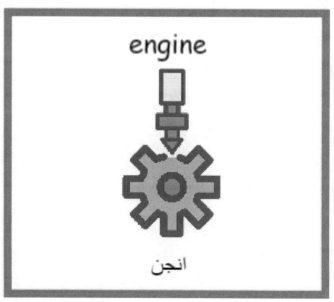

انجن

doctor	bite

ڈاکٹر	کاٹنا

politician	eat

سیاست دان	کھاؤ

hello	hexagon
	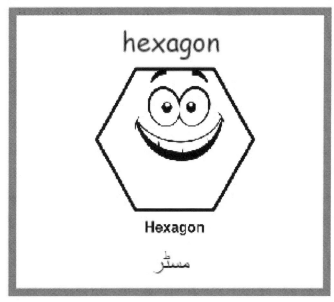
ہیلو	مسٹر

English Urdu 500 Flashcards

under	finger

نیچے	انگلی
doll	map
	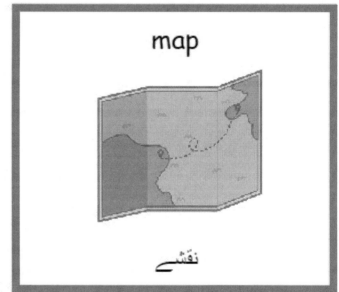
گڑیا	نقشے
play	museum
	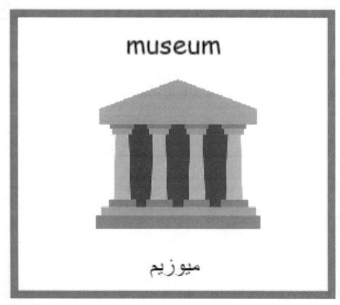
کھیلنا	میوزیم

English Urdu 500 Flashcards

tuxedo  ٹکسڈو	racket  ریکیٹ
bread  روٹی	hill  پہاڑی
impress  متاثر کرنا	chalkboard  چاکبورڈ

friendly

دوستانہ

lightbulb

برقی قمقمہ

wind

ہوا

microphone

مائکروفون

arrow

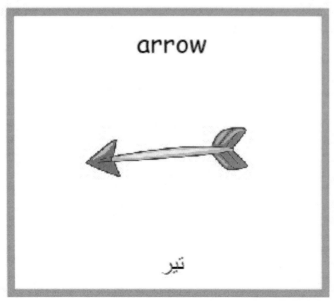

تیر

seven

سات

English Urdu 500 Flashcards

point	bib
	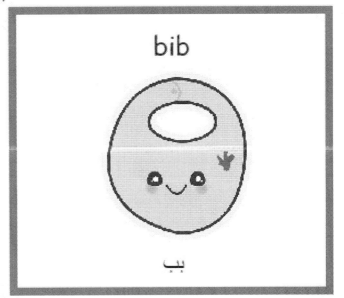
پوائنٹس	بب

lamp	bucket

لیمپ	بالٹی

gasoline	panda
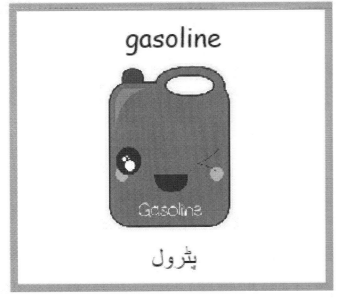	
پٹرول	پانڈا

English Urdu 500 Flashcards

farmer  کسان	alphabet  الفبای
basketball  باسکٹ بال	teacup  ٹاسکپ
chimney  چمنی	hockey  ہاکی

wake up  اٹھو	five  پانچ
decrease 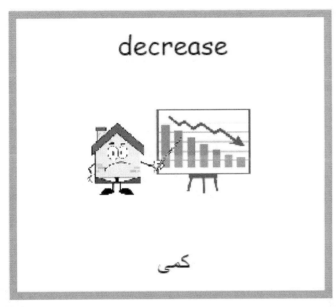 کمی	boat 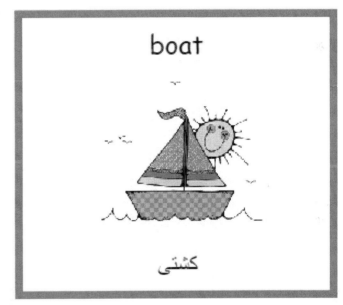 کشتی
throwing  پھینکنا	rabbit  خرگوش

science	juice

سائنس	رس

forbid	bookshelf

منع کرو	الماری

watermelon	brain
	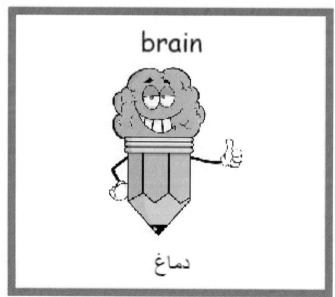
تربوز	دماغ

ant

اینٹی

truck

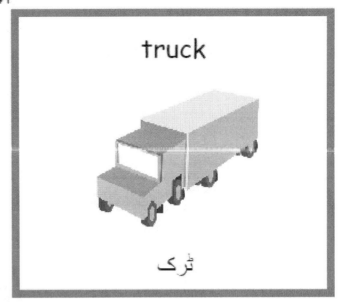

ٹرک

fall

گرے

shoulder

کندھے

ears

کان

fish

مچھلی

English Urdu 500 Flashcards

three

تین

dirt

گندگی

bus

بس

barber

حجاب

christmas

کرسمس

toddler

چھوٹا بچہ

English Urdu 500 Flashcards

boy  لڑکا	turtle  کچھی
banana  کیلا	lantern  لالٹین
pot  برتن	knife  چاقو

brother

بھائی

pear

ناشپاتیاں

mad

پاگل

yarn

سوت

handkerchief

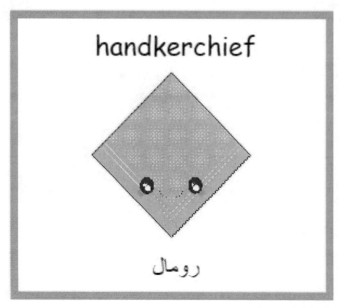

رومال

ten

دس

English Urdu 500 Flashcards

teach

سکھائیں

orange

کینو

pearls

موتی

pin
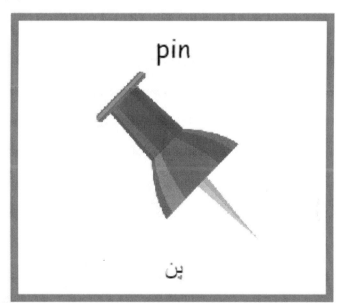
پن

sun
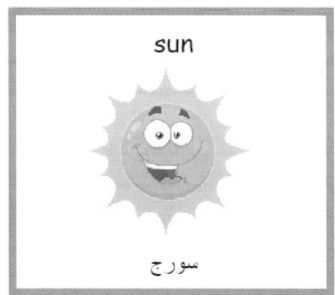
سورج

pizza

پزا

windmill

ہوا ہوا

bicycle

سائیکل

wood

لکڑی

cup

کپ

whale

وہیل

message

پیغام

English Urdu 500 Flashcards

cat  کیٹ	milk  دودھ
door 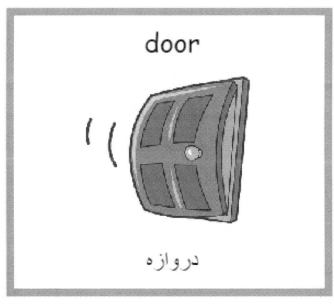 دروازہ	snail  سست
bone  ہڈی	van  وین

English Urdu 500 Flashcards

reading  پڑھنا	cheese  پنیر
rug  قالین	unhappy  ناخوش
ball 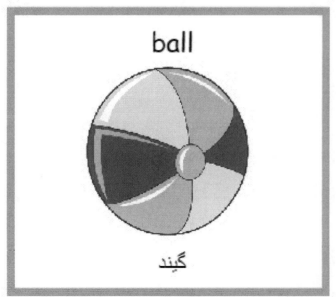 گیند	rocks 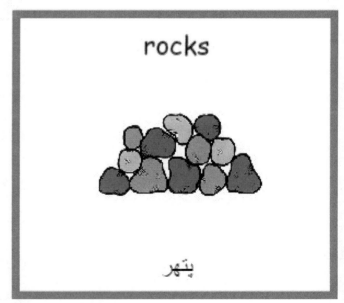 پتھر

English Urdu 500 Flashcards

blender

بلینڈر

jacket

جیکٹ

news

خبریں

tame

ٹرم

serving

خدمت کرنا

swan

سوان

glove  دستانے	**wash**  دھونا
thumb  انگوٹھے	**number** 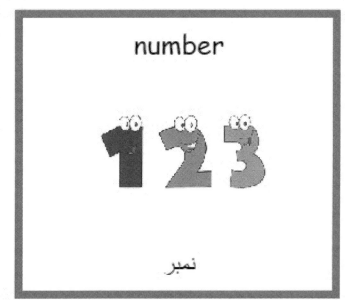 نمبر
grass  گھاس	**head**  سر

maid  نوکرانی	**bell**  گھنٹی
nap  جھپکی	**wreath** 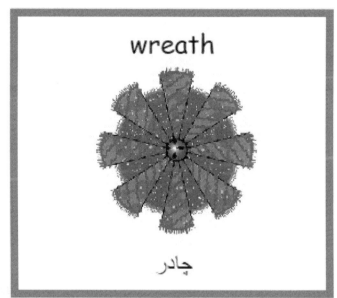 چادر
kangaroo  کنگارو	**pineapple** 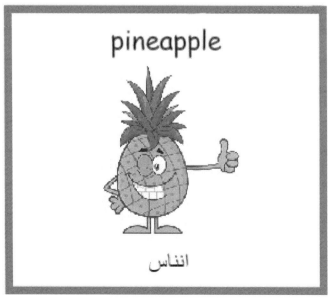 انناس

English Urdu 500 Flashcards

strawberry

اسٹرابیری

peach

آڑو

cowboy

چرواہا

run

رن

blood

خون

bike

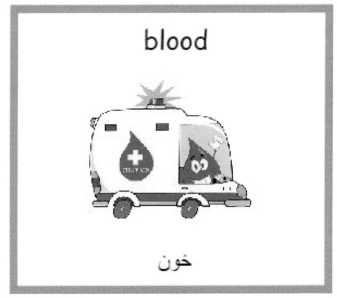

موٹر سائیکل

bug

بگ

question

سوال

piano

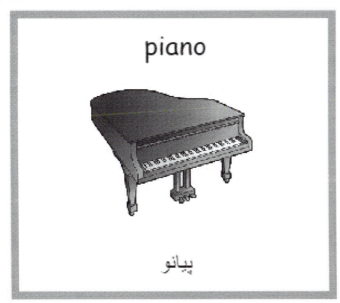

پیانو

chick

لڑکیوں

utensils

برتن

pair

جوڑوں

English Urdu 500 Flashcards

one  ایک	chin  چن
sister  بہن	walrus 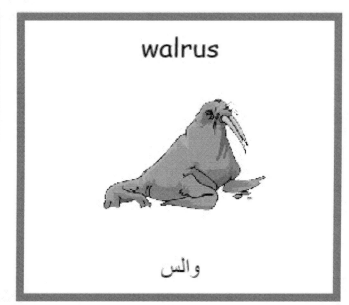 والس
snow  برف	stove  چولہا

English Urdu 500 Flashcards

glue

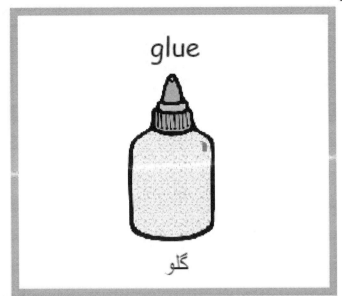

گلو

pie

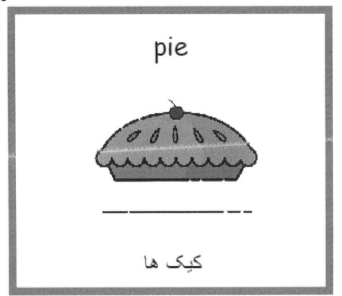

کیک ها

zipper

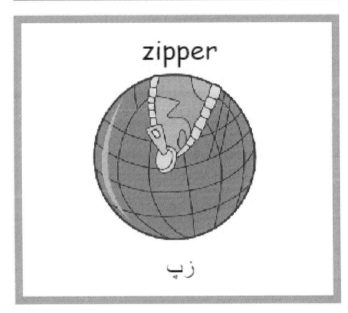

زپ

ballon

بیلون

snowflake

برف کا بہاؤ

umbrella

چھتری

school	ground

اسکول	زمین

trash	hot

ردی کی ٹوکری	گرم

dog	duck

کتا	بتھ

English Urdu 500 Flashcards

tomato

ٹماٹر

delicious

مزیدار

deer

ہنر

cab

ٹیکسی

flag

پرچم

vegetable

سبزیاں

alligator  مگرمچرچھ	**clap**  کلپ
name 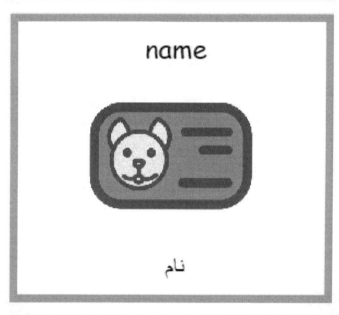 نام	**soccer**  فٹ بال
lizard  چھپکلی	**penguin**  پینگوئن

tugging

ہینچو

fat

چربی

peg

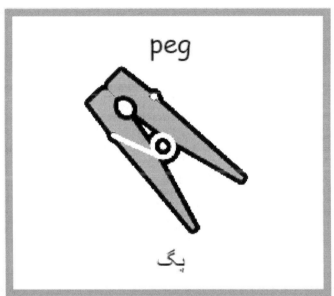

پگ

climbing

چڑھنے

airplane

ہوائی جہاز

street

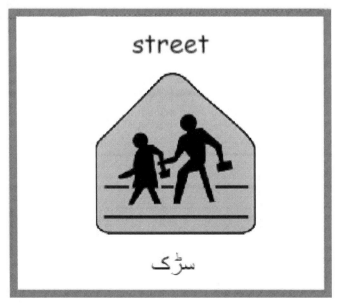

سڑک

race

دوڑ

donut

ڈونٹس

parachute

پیراشوٹ

queen

ملکہ

fresh

تازہ

body

جسم

English Urdu 500 Flashcards

coat  کوٹ	calculator 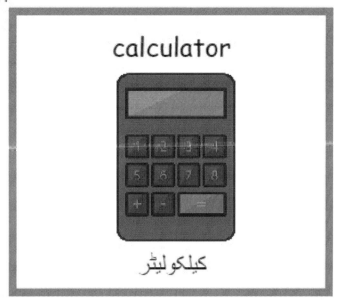 کیلکولیٹر
bird  پرندہ	torch 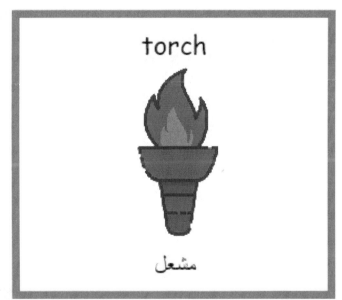 مشعل
ax 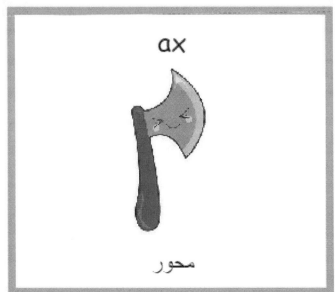 محور	hospital 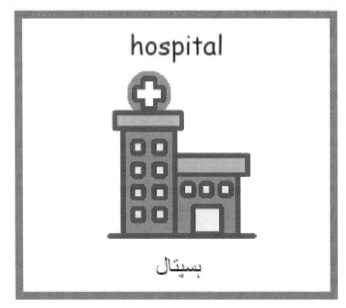 ہسپتال

rose 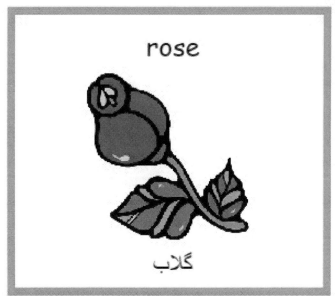 گلاب	**summer**  موسم گرما
tongue  زبان	**collar** 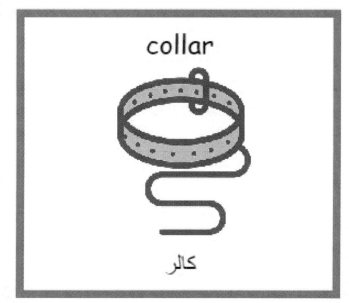 کالر
knight  نائٹ	**cop**  پولیس

skunk	cafe

سکون	کیفے

king	water

بادشاہ	پانی

dressing	scary

ڈریسنگ	ڈراونا

English Urdu 500 Flashcards

bear  ریچھ	**dolphin**  ڈالفن
nurse  نرس	**song**  نغمہ
beg  بھگوان	**shovel** 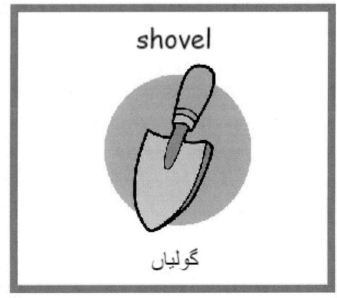 گولیاں

English Urdu 500 Flashcards

pencil

پینسل

arm

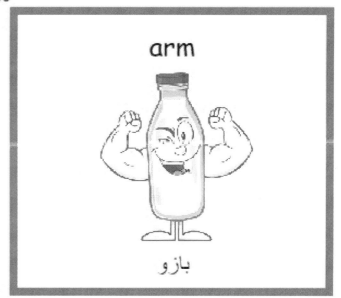

بازو

nut

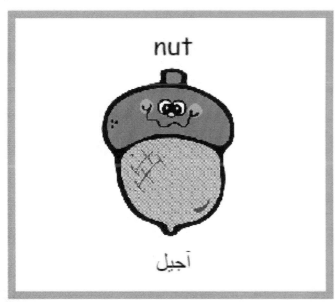

آجیل

butcher

کسائ

groundhog

گراؤنڈ

sleeping

سو رہا ہے

curtain

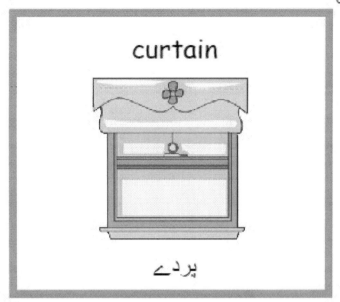

پردے

paint

پینٹ

barrel

بیرل

cucumber

کھیرا

mother

ماں

ring

انگوٹی

volcano

آتش فشاں

fence

باڑ

enjoy

لطف اندوز

shoes

جوتے

calendar

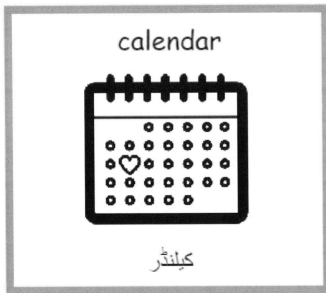

کیلنڈر

comb

کنگھی

briefcase	fire

اکاونٹ	آگ
rake	castle
	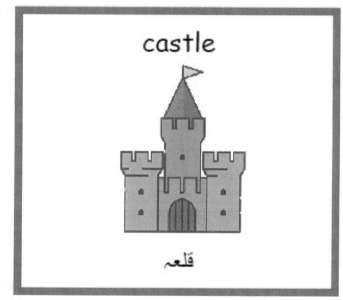
ریک	قَلعہ
soup	spatula

سوپ	اسپلاولا

English Urdu 500 Flashcards

beard  داڑھی	artist  فنکار
sleepy  نیند	tooth 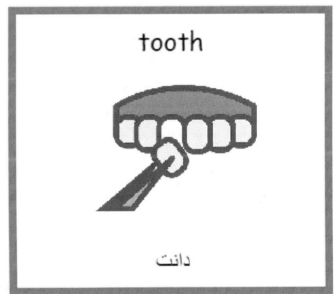 دانت
leaf 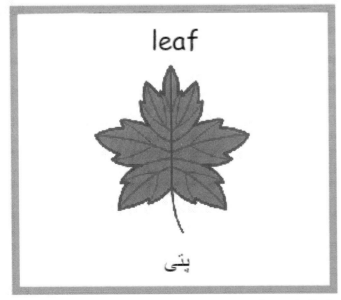 پتی	clam  کلم

couch	kneeling
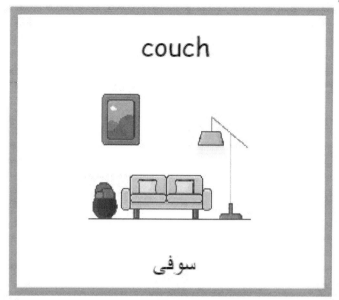	
سوفی	گھٹنے

shelter	turban

پناہ گاہیں	ٹربن

bored	nest

بور	گھونسلا

cutter
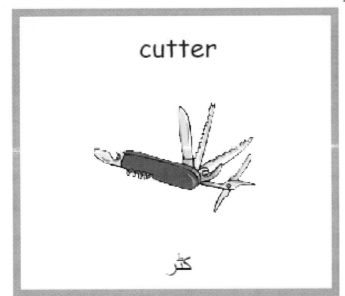
کٹر

egg
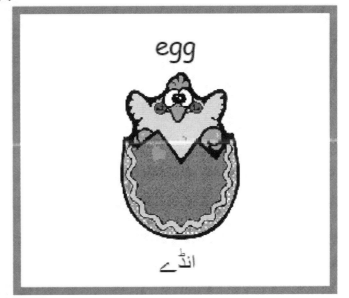
انڈے

farm

فارم

insect

کیڑے

fly

مکھیوں

rat

چوہا

studying

مطالعہ

hat

ٹوپی

drum
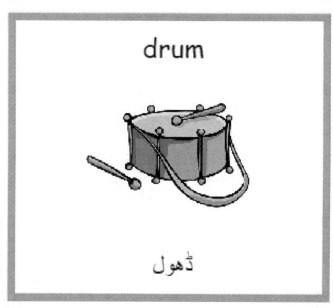
ڈھول

pig

سور

tea

چائے

puddle

پڈل

backpack  بیگ	**seeds**  بیج
ghost  ماضی	**scarf**  سکارف
reindeer  پریشان	**game** 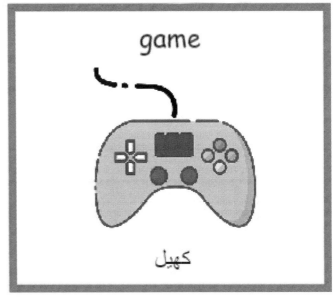 کھیل

win  جیت	**shy**  شرمیلی
telescope 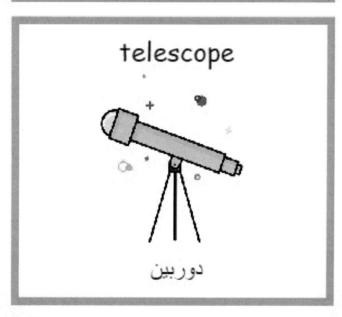 دوربین	**pulling**  ہینچو
paper 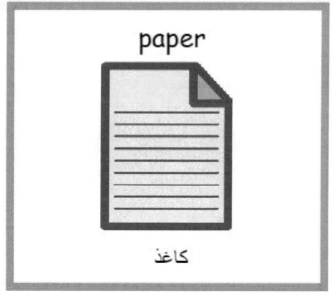 کاغذ	**syringe** 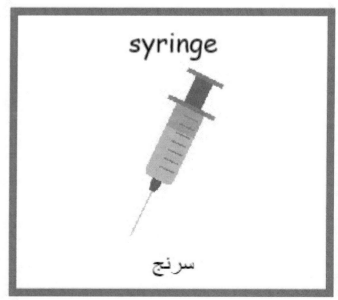 سرنج

English Urdu 500 Flashcards

house

گھر

noodles

نوڈلس

palm

کھجور

bowl

کٹورا

rainbow

قوس قزح

cookie

کوکی

stylish  سجیلا	**gun**  بندوق
boar  بور	**iguana**  اگوان
pomegranate  انار	**koala** 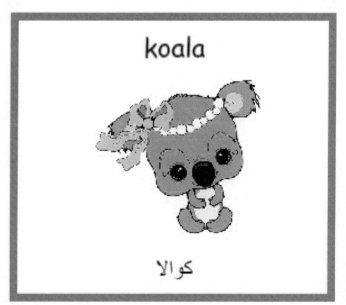 کوالا

English Urdu 500 Flashcards

hammer

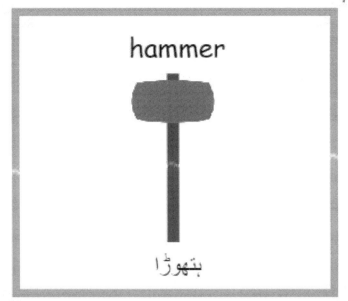

ہتھوڑا

toad

مالا

dinner

رات کا کھانا

package

پیکیج

singing

گانا

horse

گھوڑے

monster  راکشس	cage 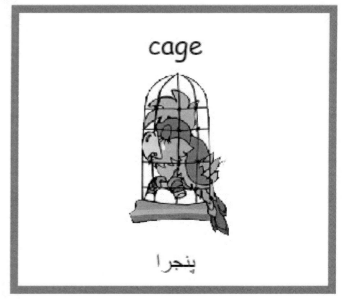 پنجرا
peanut  مونگفلی	bean  بین
stop  رکھو	dumbbells  دمبل

face	medicine
	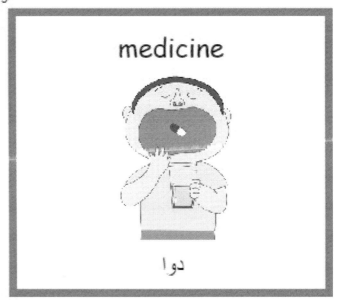
چہرے	دوا

radio	chili

ریڈیو	مرچ

mole	yogurt

تل	دہی

basket  ٹوکری	rocket 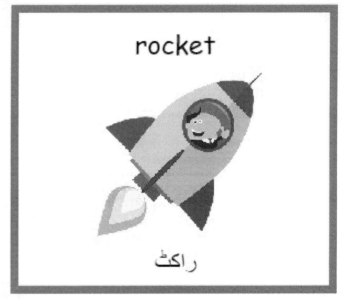 راکٹ
math  ریاضی	desk  میزیں
glass  شیشے	angel  فرشتہ

beach  بیچ	**jug**  جگ
owl  اللو	**bottle**  بوتل
massage 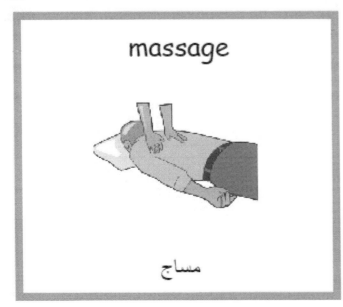 مساج	**mouth**  منہ

English Urdu 500 Flashcards

onion 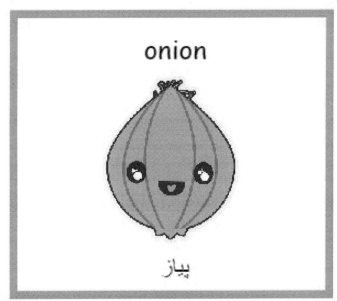 پیاز	sinking  ڈوب رہا ہے
stand up  بلند شو	boots 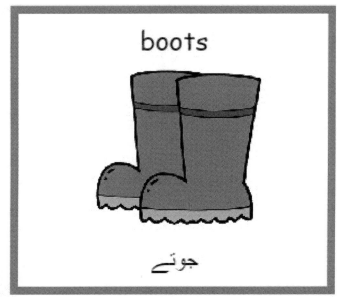 جوتے
kitchen  باورچی خانہ	tombstone  قبرستان

English Urdu 500 Flashcards

mug

مگ

fox

لومڑی

sketch

خاکہ

vest
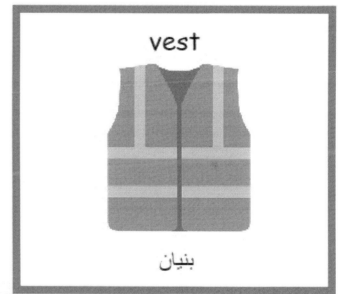
بنیان

him

اس کے

brick

اینٹوں

English Urdu 500 Flashcards

jeep  جیپ	cot  کٹ
kite  پتنگ	presents 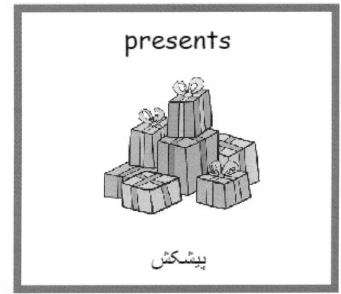 پیشکش
chair  کرسی	lemon  لیموں

Made in the USA
Las Vegas, NV
05 September 2023

77078964R00048